I0606325

LES REQUINS À POINTES NOIRES

Julie K. Lundgren

**Un livre de la collection
Les jeunes plantes de Crabtree**

TABLE DES MATIÈRES

Soutien de l'école à la maison pour les parents, les gardiens et les enseignants

Ce livre aide les enfants à se développer grâce à la pratique de la lecture. Voici quelques exemples de questions pour aider le lecteur ou la lectrice à développer ses capacités de compréhension. Les suggestions de réponses sont indiquées en rouge.

Avant la lecture

- De quoi ce livre parle-t-il?
    - *Je pense que ce livre parle des requins à pointes noires.*
    - *Je pense que ce livre explique où ils vivent.*

- Qu'est-ce que je veux apprendre sur ce sujet?
    - *Je veux apprendre les habitudes des requins à pointes noires.*
    - *Je veux savoir s'il est sécuritaire de nager avec eux.*

Pendant la lecture

- Je me demande pourquoi...
    - *Je me demande pourquoi le bout de leurs nageoires est noir.*
    - *Je me demande pourquoi ils entendent et voient très bien.*

- Qu'est-ce que j'ai appris jusqu'à présent?
    - *J'ai appris que les requins à pointes noires vivent près des récifs dans les océans.*
    - *J'ai appris que les dents des requins tombent et repoussent toute leur vie.*

Après la lecture

- Nomme quelques détails que tu as retenus.
    - *J'ai appris que les plongeurs peuvent nager en toute sécurité avec ces requins.*
    - *J'ai appris qu'un récif est une crête dans l'eau peu profonde où vivent de nombreux animaux aquatiques.*

- Lis le livre à nouveau et cherche les mots de vocabulaire.
    - *Je vois le mot **océans** à la page 4 et le mot **plongeurs** à la page 18. Les autres mots du glossaire se trouvent aux pages 22 et 23.*

LE REQUIN À POINTES NOIRES

Voici le requin à pointes noires.

Ils vivent près des **récifs** dans les **océans**.

Ils sont forts et lisses!

INFO AU DOSSIER

La longueur moyenne du requin à pointes noires est d'environ 5,5 pieds (1,7 mètre).

Tu vois la pointe noire au bout de la **nageoire** dorsale?

nageoire

Les nageoires les aident à se **stabiliser** et à se diriger.

INFO AU DOSSIER

Les ailerons des planches de surf, qui ressemblent à des nageoires, servent aussi à se diriger!

Des **dents** acérées les aident à attraper les poissons.

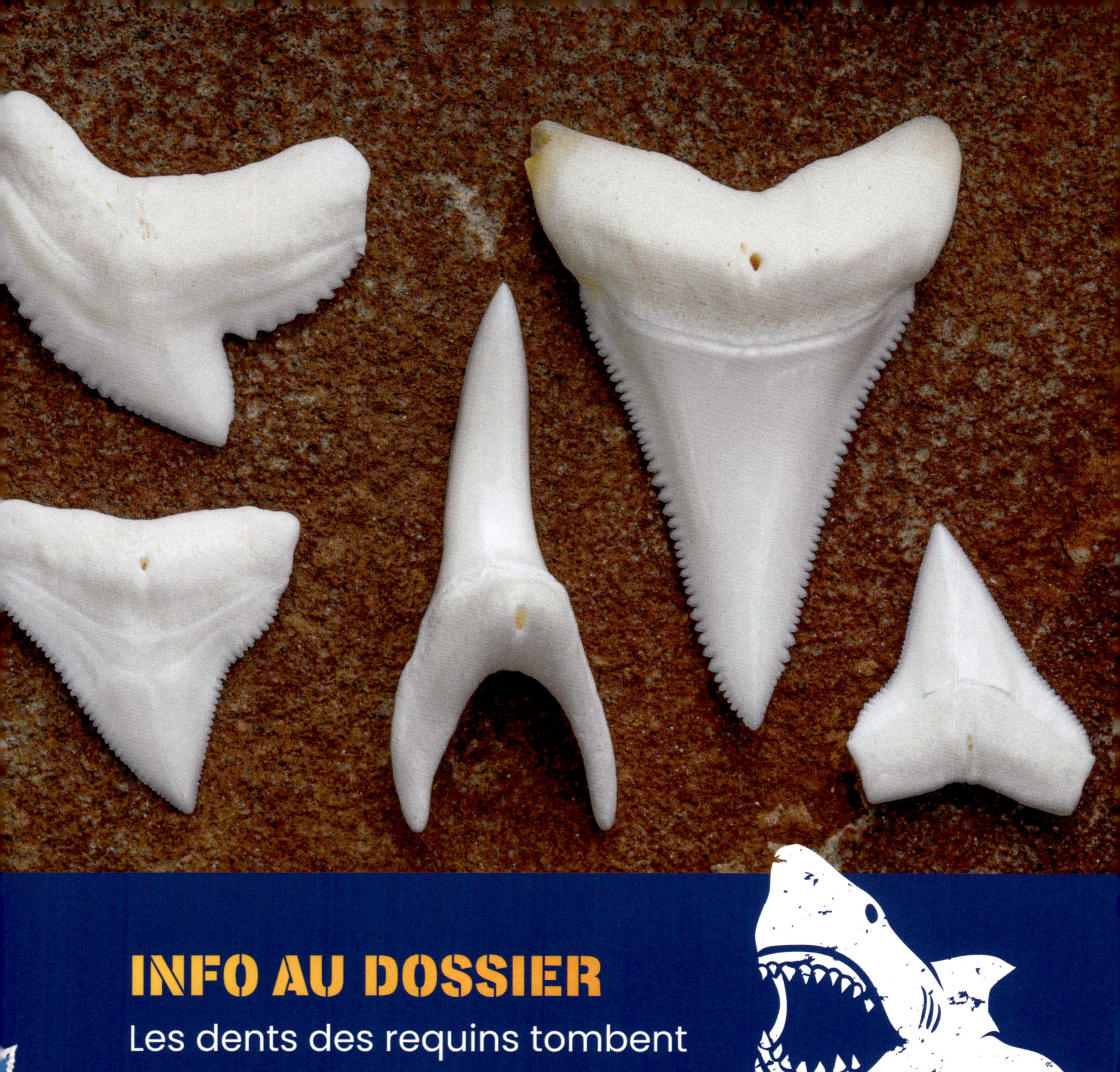

INFO AU DOSSIER

Les dents des requins tombent et repoussent toute leur vie.

Ils voient et entendent très bien.

Ils peuvent nager seuls ou en groupe.

Les **plongeurs** peuvent nager en toute sécurité avec ces requins.

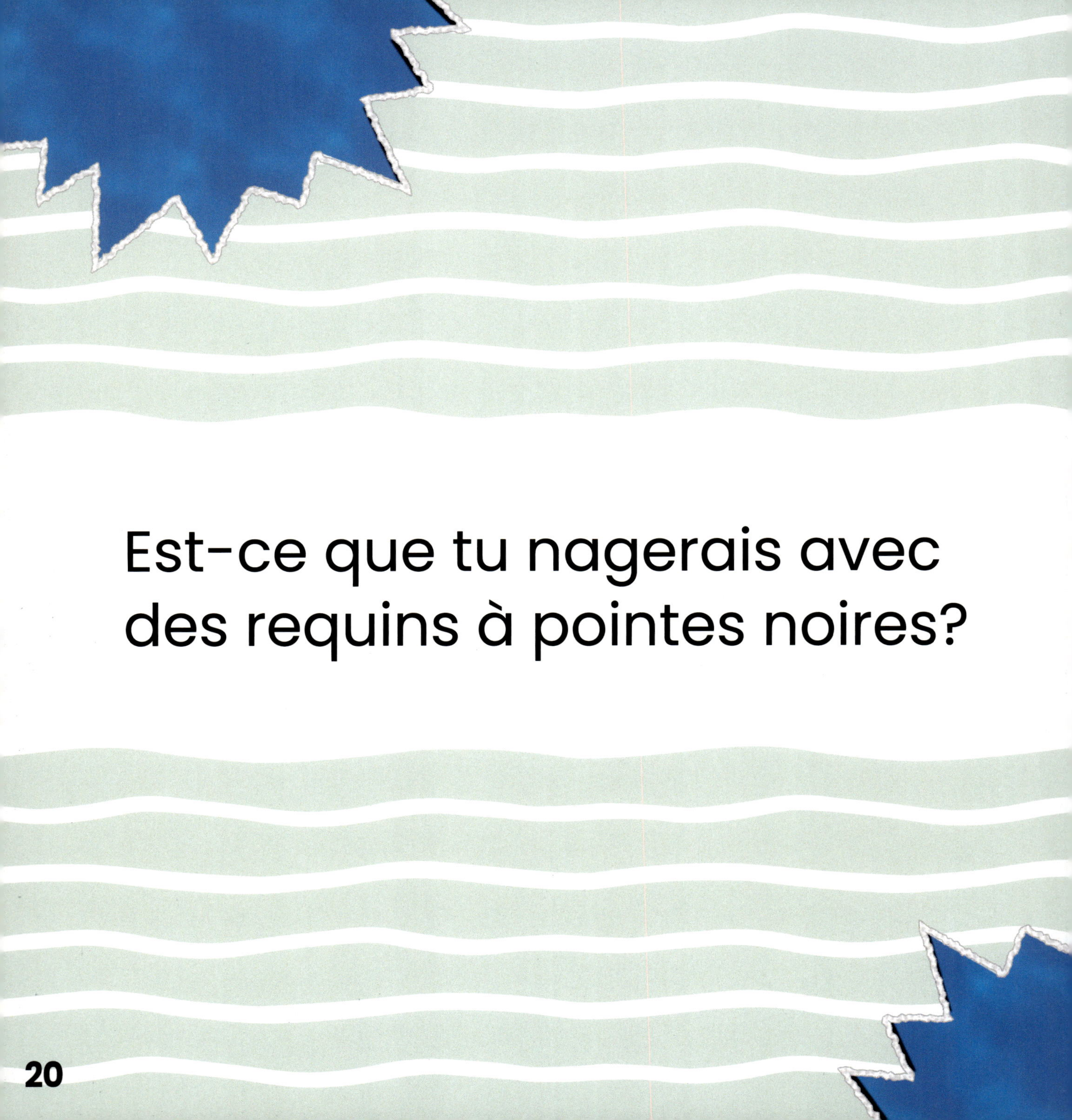

Est-ce que tu nagerais avec des requins à pointes noires?

GLOSSAIRE

dents (dan) : Les dents sont des organes de la bouche, blancs et osseux, qui sont utilisés pour mordre et mâcher.

nageoire (na-joar) : La nageoire est une partie du corps d'un poisson qui l'aide à se diriger et à se stabiliser.

océans (o-cé-an) : Les océans sont de vastes plans d'eau salée où vivent de nombreux animaux.

plongeurs (plon-jeur) : Les plongeurs sont des gens qui portent de l'équipement qui leur permet de respirer sous l'eau.

récif (ré-sif) : Un récif est une crête en eau peu profonde où vivent de nombreux animaux.

stabiliser (sta-bi-li-sé) : Se stabiliser est l'action de rester en équilibre sans basculer.

Index

À propos de l'autrice

Julie K. Lundgren

Julie K. Lundgren a grandi près du lac Supérieur, où elle s'amusait dans les bois, cueillait des baies et enrichissait sa collection de pierres. Ses intérêts l'ont conduite à un diplôme en biologie. Elle vit au Minnesota avec sa famille.

Sites Web

Les sites Web sont en anglais seulement.

https://aqua.org/explore/exhibits/blacktip-reef

https://www.montereybayaquarium.org/animals/animals-a-to-z/blacktip-reef-shark

Autrice : Julie K. Lundgren
Conception : Jennifer Dydyk
Révision : Kelli Hicks
Correctrice : Melissa Boyce
Traduction : Annie Evearts
Coordinatrice à l'impression : Katherine Berti

Références photographiques :
Illustration du requin sur le logo de la couverture : © BATKA/Shutterstock; photo de la couverture : © Ian Scott/Shutterstock, page 3 : © Gino Santa Maria/Shutterstock; page 5 : © Kristina Vackova/ Shutterstock; page 7 : © antos777/Shutterstock, (plongeur) : © Ian Scott/Shutterstock, illustration de requin : © Dashikka/Shutterstock; page 9 : © Ian Scott/Shutterstock; page 11 : © Sergey Utkin/Shutterstock, (surfeuse) : © Wonderful Nature, (illustration de requin) : © Dashikka/Shutterstock; page 12 : © Karel Bartik/Shutterstock; page 13 : © Mark_Kostich/Shutterstock, illustration de requin : © Dashikka/Shutterstock; page 15 : © Yann hubert/Shutterstock;page 17 : © Tomas Kotouc/Shutterstock; page 19 : © Ian Scott/Shutterstock; page 21 : © Dray van Beeck/Shutterstock; photo de récif, page 23 : © Richard Whitcombe/Shutterstock

Crabtree Publishing Company
www.crabtreebooks.com 1-800-387-7650

Au Canada : Nous reconnaissons l'appui financier du gouvernement du Canada par l'entremise du Fonds du livre du Canada pour nos activités de publication.

Publié aux États-Unis
Crabtree Publishing
347 Fifth Avenue
Suite 1402-145
New York, NY, 10016

Publié au Canada
Crabtree Publishing
616 Welland Ave.
St. Catharines, Ontario
L2M 5V6

Imprimé au Canada/082021/CPC

Catalogage avant publication de Bibliothèque et Archives Canada

Titre: Les requins à pointes noires / Julie K. Lundgren ; texte français d'Annie Evearts.
Autres titres: Blacktip reef sharks. Français.
Noms: Lundgren, Julie K., auteur.
Description: Mention de collection: Dossiers sur les requins | Les jeunes plantes de Crabtree | Traduction de : Blacktip reef sharks. | Comprend un index.
Identifiants: Canadiana (livre imprimé) 20210284498 | Canadiana (livre numérique) 20210284536 | ISBN 9781039609617 (couverture souple) | ISBN 9781039609679 (HTML) | ISBN 9781039609730 (EPUB)
Vedettes-matière: RVM: Requin bordé—Ouvrages pour la jeunesse. | RVMGF: Documents pour la jeunesse.
Classification: LCC QL638.95.C3 L8614 2022 | CDD j597.3/4—dc23